AF440993

# LA FEMME NÉE DE DIEU TRIOMPHE DE TOUT !

*Sarra Tedje*

**CIP a Camerei Naționale a Cărții**

**Tedje, Sarra.**

La femme née de Dieu triomphe de tout! / Sarra Tedje. – Chișinău : Generis Publishing, 2020 (Print on demand). – 52 p.

ISBN 978-9975-3318-7-6.

27-29

T 32

Cover image: www.pixabay.com

Generis Publishing
Online orders: www.generis-publishing.com
Orders by email: info@generis-publishing.com

## AVANT-PROPOS:

Béni soit le Dieu de mon espérance qui m'a aimé avant la fondation du monde d'un amour que les mots humains ne peuvent décrirent. À lui seul soit toute la gloire et l'honneur d'éternité en éternité, Amen !

Les blessures, les frustrations et les humiliations de la vie conduisent certaines d'entre nous a déposées très vite les armes de guerres qui nous ont étées données par Dieu pour vaincre et rester combatives dans les mauvais jours. Depuis que le Seigneur a créé le monde et avait placé l'homme et la femme dans Eden bien avant la chute et après, ils ont reçus le mandat de la part de Dieu pour dominer sur toute la création, la femme d'une manière très distincte celui d'écraser la tête de l'ennemi qui est le serpent, quelque soit sa forme. Voilà pourquoi dans cet ouvrage j'ai choisi de prendre l'exemple de notre bien aimée Débora Juge en Israël. Oui une femme de grande Valeure! Qui interpelle chacune de nous bien-sûr après les personnes qui ont étées pour nous des modèles. Pour ma part, c'est Jésus-Christ, ma mère et aussi cette soeur Débora. Je parle de mes erreures car je me disais que pour être appelé par Dieu, pour un exercé un ministère de Berger d'un troupeau, il fallait connaître toute la Bible et surtout en Latin en Grec, ce qui est faux. Cette peur m'a emmenée à chercher de l'aide auprès des personnes que je croyais être qualifiées pour ce genre de mission. Mais à leurs arrivées, c'était le contraire que je voyais. Il faut savoir que Jésus seul est le Maître de son champ et donc il est libre d'y envoyer qui il veut pour y travailler. C'est ce que j'ai plustard compris. Amen !

**PRIONS MA SOEUR:**

Père très saint, je te loue de ce que tu as fais de moi une femme merveilleuse pour accomplir ton dessein. Celui qui est d'être la lumière pour plusieurs selon le dépôt que tu as déposé en moi, oui le Saint-Esprit mon guide et ami.

Merci de ce que chaque jour tu me guides dans tes voies parfaites. Tu es si patients à mon égard quand je tardes à percevoir ou comprendre tes consignes, tu ne te décourages pas mais par ton amour de père et d'ami tu me parles jusqu'à ce que je saisisse ta main et agisse selon les directives que tu me donne à suivres. Mes mots sont très peu insignifiants pour t'exprimer toute ma joie d'être là oú tu me veux pour faire du mieux que tu me permets de faire.
Toute ma reconnaissance à toi papa. Merci d'êtres toujours là près de moi et en moi pour me guider.

Merci au nom merveilleux de Jésus-Christ mon Seigneur et mon Sauveur amen !

# INTRODUCTION

La femme née de Dieu triomphe de tout est en faite une partie de mon histoire que je vais partager avec toi ma soeur femme.Comme je l'ai dis dans mon premier ouvrage qui s'intitule, c'est encore possible. Oui,on ne donne que ce qu'on a reçu, d'ailleurs c'est notre bien aimé l'apôtre Jean qui nous le dit dans (Jean:3 : 27):

<<Jean répondit: Un Homme ne peut recevoir que ce qui lui a été donné du ciel.>>

Les prières que nous adressons à Dieu font-elles tout à notre place? Oui et non,puisqu'il faut qu'elles soient suivies par des actions qui consiste à révéler ce qui a été accomplie dans le spirituel. Est-ce qu'il faut aussitôt se mettre en action lorsqu'on a reçu de Dieu un appel pour exercer un ministère sans attendre son ok? Je dis non. C'est son oeuvre donc, c'est à lui de choisir le moment où celui ou celle qu'il a invité dans son oeuvre d'agir.

Se lever spontanément sans son signale occasionne des sérieuses difficultés qui mettent en mal la bonne marche de la mission. Mais rester à son écoute est la meilleure des choses à faire pour éviter les faux combats. La peur de ne pas être à la hauteur m'a conduit à beaucoup de détours mais sa grâce m'a permise de passer par la porte qu'il avait ouverte devant moi pour accomplir ce à quoi il m'a appelé . Car lui en moi, je triomphe de toutes les adversités pour réaliser les rêves qu'il a déposé en moi. Malgré mon manque d'expérience je me mets en marche!

C'est parti pour des temps de turbulences dans la mission. Allons-y !

Beaucoups de femmes que le Dieu d'Israël a choisi pour exercer un ministère pastoral refusent de se lever pour se mettre en marche. A travers les réseaux sociaux comme dans les églises ce discour sur le ministère de la femme est tenus par certains de nos frères qui sont contre le fait que la femme les dirige. Cela ne devrait pas freiner celle qui croit avoir reçue cette invitation. Si Dieu a donné le mandat à la femme de vaincre l'ennemi de nos âmes, et encore d'aller annoncer la bonne nouvelle de sa résurrection à ses frères les apôtres je ne trouve nul part une meilleurs façon de le révéler à l'Eglise. Le fait que les hommes ne croient pas en nous ne veut pas dire que Dieu s'était trompé, et d'ailleurs tout ce qui est vite approuvés des hommes n'est pas forcément de Dieu. Il ne faut pas que ceux qui sont à l'extérieur de notre lieu secret avec Dieu disent alléluia à tous les choix que nous faisons, cela peut être pour nous un danger, car tout ce qui est élevés au milieu des hommes est en abomination à l'Eternel. Je sais qui je suis donc je n'ai pas besoins de l'approbation des hommes pour manifester les dons qu'ils donné. Ils verront mes oeuvres, alors ils comprendront. Amen!

Ma soeur ne te laisse pas intimider par qui que ce soit, lève-toi et agit!

Même si tu fais des gaffes dans ta mission le réparateur des brèches Jésus ton Maître viendra à ton secours autant de fois que tu en auras besoins. Agit femme guerrière, Amen!


( Philippiens: 4:13

Je puis tout par celui qui me fortifie)

# Chapitre 1

## DANS SA PRÉSENCE

(Ainsi parle L'Éternel à son oint à Cyrus, Qu'il tient par la main, pour terrasser les nations devant lui, Et pour relâcher la ceinture des rois, pour lui ouvrir les portes, Afin qu'elles ne soient plus fermées: Je marcherai devant toi J'aplanirai les chemins montueux, Je romprai les portes d'airain. Et je briserai les verrous de fer. Je te donnerai des trésors cachés, Des richesses enfouies, Afin que tu saches que je suis L'Eternel qui t'appelle par ton nom, le Dieu d'Israël. Pour l'amour de mon serviteur Jacob, Et d'Israël mon élu, Je t'ai appelé par ton nom, Je t'ai parlé avec bienveillance, avant qu tu me connaisses.
Ésaïe: 45:1:4:) Amen!!)

Alors mon esprit interdit formellement à mon âme de se sous-estimer car les valeurs que Dieu a déposé en moi sont exactement tout ce dont j'ai besoins pour rendre mon existence stable, agréable, et épanouie par sa présence en moi.

J'ai parlée des valeurs, oui chaque femme les portes en elle. D'un, celle de la jeune fille qui apprend à se située dans la société, de deux, la femme qui se forme dans tous les domaines de sa vie a être une épouse. C'est à dire trouver du travail pour être utile à sa maison,savoire faire la cuisine,plaire à son mari et être une bonne mère pour ses enfants. Ce sont des Valeurs! Amen! Savoir Jésus à mes côtés me donne de compter sur lui en ayant l'assurance de faire des choses extraordinaires toutefois pour sa gloire.

Si le rôle du Saint-Esprit dans ma vie est uniquement de me conduire aux jeûnes,et aux prières sans se soucier de mon devenir ou même de mon avis, je dis qu'il n'est pas du Dieu que je connais, donc je ne suis pas sauvée.
Mais gloire soit rendue à Dieu car non seulement Il m'a sauvé mais il se préoccupe de mon bien-être en tenant compte de ma volonté en toutes choses.oh oui, il fait plus que nous conduire aux jeûnes et aux prières. Il se charge de chaque domaine de notre vie.

Faisons-lui confiance, amen! OUI JE LE RECONNAIS
La force, l'intelligence et le courage que j'ai pour écrire ces lignes me viennent que de lui. (Toute grâce excellente et tout don parfait descendent d'en haut, du père des lumières, chez lequel il n'y a ni changement ni ombre de variation. Jacques:1:17:)

Tout ce que possède le monde de bon est de Dieu. Sauf qu'il n'est pas conscient de cela. Nous, nous le sommes et le louons pour cela. Même quand je me lèves pour faire des courses alimentaires ou démarches administratives etc, c'est son oeuvre, je le reconnais. Proverbes:3:6, reconnais-le dans toutes tes voies, et il aplanira tes sentiers. Oh merveilleux sauveur sois béni !

# 1. LOIN DE DIEU

Je vais me répéter pour mieux me faire comprendre. Merci ma soeur d'être avec moi.Tout commence à mon jeune âge pendant les vacances scolaires je venais voire ma famille, il faut dire qu'à cette période de l'adolescence on est plus préoccupée par le comment plaire aux autres , bien s'habiller, bien manger et aussi bien s'amuser avec ses copines. Moi, à cette période j'ai étée saisie par Dieu, donc toutes ces choses que je viens de cité n'étaient plus pour moi. Ce qui voulait dire qu'il fallait convertir toute cette circonstance de ma vie à la gloire de Dieu. Oui, lui seul. Je ne dis pas que dans le Seigneur les ados ne le sont plus!

Loin de lá, au contraire, mais désormais ils traversent cette période de leurs vie pour sa gloire. Alors déjà chrétienne j'arrivais pendant les vacances en famille et je voyais les camarades qui allaient à des jeux de foot, pour d'autres c'était à des petites soirées dansantes du village, etc. Alors s'invita en moi une lutte sans précédente qui était, je suis très jeune pour ne pas m'amuser comme les autres, j'exagère en prenant trop à coeur les choses de Dieu, ce sont les vacances il faut se défouler un peu. Et surtout que mes camarades se moquaient de moi et m'appelaient Jésus pour le fait que je ne faisais pas comme elles. Je me suis dis oh Sarra lâches un peu prise!.

(Proverbes:16:25)

<<Telles voie paraît droite à un homme, mais son issue, c'est la voie de la mort.>>

Comme je l'ai dis dans mon précédent ouvrage, j'avais acceptée le Seigneur chez ma grande soeur qui m'a adoptée depuis l'âge de 9 ans et dans cette rencontre le Saint-Esprit m'a visité en me baptisant et m'a donné des dons pour l'utilité de son Église. Et c' est avec toute cette grâce que j'avais fais l'erreur de provoquer sa jalousie.

(Hébreux:10:31)
<<C'est une chose terrible de tomber entre les mains du Dieu vivant.>>

Oh si je savais ce qui allait m'arriver, ou ce que j'allais vivre comme souffrances, je ne me serais pas éloignée de Dieu pour un seul instant. Après ces vacances là mes parents n'ont pas voulus que je retournes auprès de la grande soeur à la capitale, alors ils m'ont emmenés chez l'une de mes tantes maternelle en m'inscrivant dans une école protestante de la ville bien réputée pour son enseignement. Oú j'ai aussitôt intégrée la chorale des jeunes nommée ( ACEEPCI). Ils m'ont pris comme membre de leurs bureau où j'avais le rôle de conseillère. Tout allait si bien, mais un jour vient où je fais la rencontre d'un jeune homme, et qui devient plus tard un ami. Quelques temps après cette rencontre fut très sérieuse d'où va naître un enfant. À la naissance de cet enfant tout allait aussi très bien entre lui et moi, mais un jour, ce à quoi je ne pouvais m'attendre va se produire. Il me demanda en mariage ce qui n'avait pas été convenu au préalable. Sachant très bien que je refuserais sa demande à cause de mon jeune âge , ne tarda pas à me menaça de me convertir à sa religion sinon, il renierait l'enfant je signale qu'il était Musulman. J'étais prise au piège ! Quel devait-être mon choix? Accepter de me mariée avec lui signifierait l'abandon de toute ma famille car mon père était pasteur et jamais il l'aurait cotionné. Que j'ai eu une liaison d'un instant avec un jeune jusqu'à avoire un enfant de lui, ce n'était pas très grave puisque le mal était fait. Mais de là envisagée me marier avec lui, était quasiment impossible pour moi et pour mes parents! Ma relation avec Jésus qu'était elle devenue? où était passée cette jeune fille qui parlait de Jésus à tout le monde, en particulier ses camarades ? Et les dons que Dieu m'a confié où les avais- je rangée? Il m'a dit, le jeune homme en question, si tes parents et toi refusés que je t'épouse, je vous donnerai l'enfant gratuitement car mes parents exigent que ma femme soit de notre confession religieuse.Pourquoi ne pouvions seulement être des amis sans parler du mariage? Ce Que j'ignorais c'est que poussé par ses parents il était à la recherche d'une épouse. J'était dans un gouffre! Quelle décision fallait prendre en ce moment là ? Un enfant sur les bras, pas d'école, en dehors de mes parents je n'avais aucun moyens de subsistances avec l'enfant. De plus, mes parents n'étaient pas au courant de la démarche de ce dernier. Alors ne trouvant pas d'issue je me suis rendues auprès d'eux pour leurs raconter ma version de la situation. Après avoir eus la connaissance du problème à ma très grande surprise ils ne se sont pas mis en colère pour convoquer le jeune et sa famille pour mieux comprendre ce qui se passait, mais ils ont plus tôt dit, oh ca c'est rien, ce ne sont que des trucs des jeunes donc ca va lui passer. Et puis d'ailleurs il n'y a plus d'enfant dans la maison, il nous occupera ta mère et moi. Sur leur dire j'avais abandonnée toutes poursuites judiciaires que j'avais engagée contre lui, et nous nous sommes l'enfant et moi éloignées de lui. Si j'étais très jeune pour trops m'impliquer dans les choses de Dieu, je ne l'étais plus pour vivre ce qui allait suivre?

# LA TRADITION

Il n'est pas bon d'abandonner le Dieu d'Israël,notre Dieu qui nous aime , qui voit plus loin que nous et nous avertit des dangers si seulement oui si seulement on lui obéis.

(Esaïe 48 :18 Oh! si tu étais attentif à mes commandements! Ton bien-être serait comme un fleuve, Et ton bonheur comme les flots de la mer ;)

Dans ma région celui qui fait faire un enfant à une jeune fille en dehors du mariage à pour l'obligation d'offrir aux parents de cette dernière des présents qui sont, un mouton et un pagne pour soit disant purifié l'enfant, sinon l'enfant meurt, c'est un échange contre l'enfant.

Ce que je veux dire ici sur cette ligne c'est que mon père était prédicateur de l'évangile mais obéissant à quelques règles coutumières. Il s'est plus tard repenti et est mort étant sauvé mais ses frères non. Toute la grande famille ne n'était pas dans son ministère. Donc lui seul ne pouvait pas empêcher les autres de faire exécuter leurs règles coutumières. qui allait payer cette dette pour moi? Si mon père le fait à la place du père de l'enfant qui s'est désengagé de ses responsabilités celà ne change rien en la situation, car il est mon père et non pas celui de l'enfant. Et mon père plus que moi savait que la désobéissance à Dieu est une grande porte ouverte à l'ennemi.

( 1 Samuel:15:22:23: samuel dit:"L'Éternel trouve- t-il du plaisir dans les holocaustes et les sacrifices, comme dans l'obéissance à la voix de L' Éternel? Voici l'obéissance vaut mieux que les sacrifices, et l'observation de sa parole vaut mieux que la graisse des béliers.

Car la désobéissance est aussi coupable que la divination, et la résistance ne l'est pas moins que l'idolâtrie et les théraphim. Puisque tu as rejeté la parole de L'Éternel, il te rejette aussi comme roi.)

Alors mon père a donné ce mouton à ses frères et qui l'on mangés en échange de l'enfant. Dès ses trois ans, elle à commencée à être malade . Je l'avais envoyée à la capitale pour la faire soigner mais rien n'y faire. Jusqu'à ses six ans à cause de la maladie, elle était devenue comme un enfant de deux ans mangeant tout ce qu'elle trouvait sous sa main.

Dans cette souffrance les parents étaient à bout. Mais en moi je me suis dis, et si je l'envoyais à l'église des Assemblées de Dieu qui était dans le village? En ce moment j'avais commencée à me remettre en cause par apport à mon attitude vis à vis de mon Dieu. Je savais au plus profond de mon être que c'était les conséquences de ma désobéissance à Dieu. Mais que faire maintenant? Moi même j'avais perdues presque toute estime de moi-même. J'avais perdues aussi du poids , au point que je faisais entre 40 et 50 kg pour une jeune fille de 18 ans. C'était horrible! J'avais honte de moi. Ce qui était encore pire dans tout ça, c'est que, moi qui évangélisais les autres, c'était moi qui me retrouvais dans une telle situation. Je priais pour elle, mais rien ne se passait. Les frères en Christ du village venaient prier pour elle, mais c'était comme de l'huile sur le feu. Alors mes parents m'ont proposés de la leurs laissée pour venir en ville me reposée. Et c'est ce que j'avais fais.

## LES REMORD

J'avais perdues des années scolaire à cause de la maladie de l'enfant. Donc mon seul soucis était de la voir guérie mais aussi de me reconstruire. Lorsque j'avais rendues visite à mes parents et que j'eus constatée une amélioration chez l'enfant je me suis dis, il faut que j'entreprenne une activité qui allait me rapporter de l'argent . Alors mon père m'avait donné une forte somme d'argent pour faire le commerce. J'étais très triste et en colère contre moi-même, mais je savais au plus profond de moi que Dieu ne m'avait pas abandonné. Je sentait sa présence à mes côtés mais je ne savais comment revenir à lui . J'avais honte pour toutes les humiliations que je lui avais infligée face aux amies et aux parents que je témoignais de sa bonté. Est ce que c'est la vie que mon Jésus donne aux personnes qui l'acceptent dans leurs vies comme leurs Seigneur et Sauveur? Je n'étais pas un bon exemple!

## OH MON DIEU AU SECOURS!

(Psaumes : 121: 1: 2
Je lève les yeux vers les montagnes … D'où me viendra le secours?
Le secours me vient de L'Éternel qui a fait les cieux et la terre).

Je cherchait à nouveau à me réconcilier avec mon Sauveur. Mais je ne voulais pas retournée à l'église de mes parents, car je m'étais dis que c'était de là-bas qu'étaient parties tous les problèmes que j'avais. Les jeunes de la chorale me sollicitaient de venir me joindre à eux , mais je les fuyais cherchant une église évangélique pour y aller car c'était à l'église de réveille que j'avais rencontrée le Seigneur. En ce temps là ma grande soeur qui vie depuis très longtemps en France m'a appelée pour me dire qu'elle voulait faire venir son fils gravement malade au pays pour qu'on prie pour sa délivrance.J'avais répondue ok! Mais entre temps moi même je n'avais aucune idée du lieu où je pouvais l'envoyer cela. À son arrivé, j'ai commencée à l'exhorter a donné à donner sa vie à Jésus, et c'est ce qu'il avait fait. Mais où l'orienter pour sa guérison, vers quel pasteur?

C'est ainsi qu'un dimanche matin je lui dis écoute, nous allons à l'église . Quel mystère !!

Dans ma tête, je me rendais avec lui dans cette église où je ne voulais plus me rendre puisque c'était la seul dans la ville que je connaissais. Arrivés tout juste devant l'église quelqu'un que je n'avais jamais croisée me dit, non n'entrez pas là, mais voici il y a une église des Assemblées de Dieu de l'autre côté du quartier allez y là- bas. Ils commencent leurs culte à 9 h 30 mn, m'a t-il dit. Ce qui est aussi bizarre c'est que lorsque pour la première fois quand je suis arrivée dans la ville j'ai demandée à des personnes s'il y avait une église évangélique dans la ville, personne ne le savait. J'avais une amie qui y allait, mais ne m'avait jamais parlée de son lieu de prière. Parce que pour moi je me suis dis étant partie loin de la capitale où se trouvaient mon père spirituel et les autres frères, il me fallait garder les liens fraternels en trouvant une église. Mais durant toutes ces années ma recherche fut vaine. Alors un seul jour à suffit pour tout changés après tant d'années? Alors je me disais c'était une blague ou je rêvais? Mais non, c'était une réalité. Avec des renseignements à l'appuis nous avions trouvés un grand baptiste pouvant contenir près de quatre cent personnes.

## LA DÉCISION FINALE

Nous y sommes rentrés, il y avait un très bon accueil.Dès que le culte à commencé je me suis sentie chez moi. J'avais une paix très profonde mêlée d'une grande joie. Je me suis dis, enfin. Quelques instant avant la prédication, se fit entendre dans la grande Assemblée une prophétie qui dit ceci (Je t'ai appelée pour me servir, je t'ai consacré à moi pour faire mon oeuvre, et tu as dis que tu es très jeune pour servir Dieu, et que tu voulais ta liberté? Écoute- moi très bien aujourd'hui, si tu n'arrêtes pas de me fuir, tu connaîtras une plus grande souffrance que celle que tu traverses maintenant. si tu sors d'ici aujourd'hui en voulant te guider toi- même, je vais t'humilier plus que tu l'es maintenant! Répand-toi car je t'aime, tu m'appartiens. Viens, et je te consolerai et tu trouveras le repos sous mes ailes). Dès que cette prophétie s'est faite entendre je savais que Dieu venait de me parler et que mon coeur devait désormais lui appartenir à cent pour cent. Ma vie avait depuis ce dimanche là prise une nouvelle direction jusqu'à ce jour. Oh merci mon Dieu! Amen!


## MA NOUVELLE VIE EN JÉSUS

(2 Corinthiens: 5:17, Si quelqu'un est en Christ, il est une nouvelle " création. Les choses anciennes sont passées; voici, toutes choses sont devenues nouvelles).

Immédiatement nous avons étés reçus par les frères de l'église après le culte.

Tout le programme nous a été donné pour les prochaines réunions de prières. J'y venais régulièrement et très active dans tout ce qui se faisait dans l'église. Et c'est là que j'ai rencontrée mon mari. Quelques années, il vint en Italie, et me fit venir à ses côtés huit mois après. Je soulignes que mon neveu n'a pas survécu à sa maladie. Et ma fille après que je sois venues en Europe, elle est décédée à la suite d'une très longue maladie qui n'était pas celle dont elle avait souffert car elle était guérie avant mon départ pour l'Europe, mais une autre attaque des ennemis.


## MON ARRIVÉE EN ITALIE

Il faut dire que depuis le pays, Dieu me montrait beaucoup de choses sur mon ministère par des rêves, et visions. Donc arrivée en Italie, j'ai vues que beaucoups de nos compatriotes priaient avec les frères Anglophones,c'est à dire les Ghanéens et Nigérians. Je ne comprenais rien du tout de la langue Italienne, donc à chaque moment de prière, il fallait quelqu'un d'autre pour me traduire les messages en Français , sinon je ne comprenais rien. Car dans leurs assemblées les messages étaient donnés en Anglais, puis traduits en Italien.Et cela a duré trois mois. Dieu a continué de me donné les mêmes signes en Italie, à dire vraie je n'y comprenais pas trops grandes choses dans ces révélations, mais quelques unes, oui je savais exactement la signification. La pensés de nous séparés de nos frères Anglophones me torturait sérieusement, oui c'est le mot. Je disais, mais ce n'est pas possible! Non, ce n'est pas Dieu, c'est un esprit de division qui me fatigue, donc du malin. Mais la pression était tellement forte que des fois les nuits je n'arrivais pas à trouver du sommeille. Je voyais une grande Assemblée Francophone dans la ville et mon mari en train de prêcher. Je n'en pouvais plus alors un jour j'ai dis à mon mari, je crois que Dieu veut que nous commençons une cellule de prière à la maison, et l'idée a étée approuvée. Alors nous sommes allés voire le pasteur de l'église où nous étions membres pour lui exposer la situation. C'était comme s'il avait été divinement averti de notre démarche, il était très content de ce qu'il entendait de nous. Il nous a mis mon mari et moi à genoux et il a prié pour nous, pour que l'oeuvre réussisse entre nos mains. Donc avec sa bénédiction nous nous sommes séparés d'eux pour faire ce que Dieu nous avaient recommandé de faire. Alors nous deux avions dans notre salon commencés a priés et les autres se sont joint à nous au point que notre maison était devenue petite pour le nombre que nous étions.

Ensuite une soeur nous a proposée ( Monique) son salon qui était beaucoup plus grand que le nôtre. Et là nous faisions toutes nos réunions de prière, ensuite nous avions demandés une salle au maire de la ville et Dieu merci, il nous l'avait accordé au sein de la mairie même. Elle pouvait contenir près de cent cinquante personnes. Plus tard Dieu nous a ouvert les portes de la France alors mon mari et moi avions décidés que je viennes la première car lui avait non seulement la responsabilité de l'oeuvre de Dieu, mais avait aussi sa société de livraison dont il ne pouvait pas facilement se détacher pour venir avec moi.


## POUR FERMER CETTE PAGE

(Ecclésiaste:7:8, Mieux vaut la fin d'une chose que son commencement; mieux vaut un esprit patient qu'un esprit hautain).

Les hommes peuvent dire de toi tout ce qu'ils veulent dire, mais si tu connais ton identité en Jésus-Christ rien ne te fera reculer. Oui l'oeuvre avait grandie et le temps pour mon mari de me rejoindre en France était venue. Alors il a fait appelle a un frère, le pasteur Kouassi Julien qui l'a remplacé. Et cette église compte aujourd'hui plus de quatre à cinq cent membres.Et, de cette oeuvre est née beaucoups d'autres Assemblées Francophones dans la région. La gloire revient à notre Dieu qui fait toutes choses à merveilles! Amen! Il nous faut le discernement pour agir selon le maître de la mission qui nous envoie. la femme est porteuse d'une mission. C'est de vaincre toutes les situations difficiles qui sont parsemées sur son chemin. Gloire à Dieu!

pour agir selon le maître de la mission qui nous envoie. la femme est porteuse d'une mission. C'est de vaincre toutes les situations difficiles qui sont parsemées sur son chemin. Gloire à Dieu!

# Chapitre 2

## BIEN AIMÉE DEBORA

(Genèse:3:15, Je mettrai inimitié entre toi et la femme, entre ta postérité et sa postérité:Celle-ci t'écrasera la tête, et tu lui blessera le talon).

Regardons le mystère, elle agit avant le serpent! l'ordre lui a été donné de se lever la première et de passer à l'action. Lorsque la tête de l'ennemi a étée écrasée avec quoi va t-il blessé le talon de la femme? Il ne lui reste qu'à être jeté au feu.
Dieu est très juste dans ses jugements! Il nous aime tellement!
Avec ce mandat que nous avons de notre père Dieu, nous ne devrions baisser la tête devant qui que ce soit.(le diable et sa cohorte)

Elle m'inspire cette soeur (Juges: 5 : 7, Les chefs étaient sans force en Israël, sans force, quand je me suis levée, moi, Débora, quand je me suis levée comme une mère en Israël). Oh quelle lionne! Quelle audace!
La femme qui se connaît doit-elle trembler quand le monde vacille? non!
C'est à elle que Dieu a donné le pouvoir de vaincre le serpent l'ennemi de nos âmes. Depuis la chute dans le jardin d'Eden , le pouvoir a été donné à la femme de tout reconstruire sans rien craindre. L'ennemi a été dépouillé dès le premier jour de son calendrier de ruses! La mort et la résurrection de notre Seigneur Jésus-Christ sont la preuve de ce mandat qui est le nôtre. Oui, elles ont légitimées notre pouvoir sur l'ennemi et ses alliés les démons.

Débora,femme juge ne regarde pas à son rang social ni à son confort, mais trouve qu'il est urgent de passer à la vitesse supérieure. Celle qui est de sauver son peuple de celui qui l'opprime. Est- ce que sa famille et tout Israël ont eu confiance en son projet? certainement pas.Voilà pourquoi premièrement elle se tourne que vers un seul homme, Barak qui fermement croit qu'elle agit selon le coeur de Dieu.

(Juges:4: 8 :Barak lui dit:Si tu viens avec moi, j'irai; mais si tu ne viens pas avec moi, je n'irai pas).

Il faut se lever pour agir même quand le nombre de ceux qui croient en ta vision est restreint. Elle à compris que dans de telles circonstances, son rôle était plus que déterminant pour la libération de son peuple. Je dirai même que notre soeur Débora a compris que pour mieux gérer les problèmes internes, il ne faut pas ignorer ceux de l'extérieure qui peuvent plus tard devenir une très lourde charge par mesure de négligence ou de tolérance, donc il faut les détruire à la source. Oui elle s'est souvenue de ce que Dieu lui a donné comme mandat sur satan, elle ne recule pas! Elle sait que, les propos de Barak n'étaient pas des paroles en l'aire. ci, cet homme ne s'adresse plus à la femme faite de chaire ou faible, mais à Dieu lui-même. Est ce que la présence d'une femme dans une bataille comme celle-là pouvait lui garantir la victoire? Si tu viens avec moi = Si Dieu vient avec toi, j'irai aussi, car avec lui, la victoire est assurée. Mais si tu ne viens pas avec moi, je n'irai pas.= Sans l'approbation de Dieu dans cette guerre, je n'irai pas avec toi. N'oublions pas que nous pouvons perdre des batailles ou des guerres, si nous ne prenons pas au sérieux le salut qu'il nous a donné par son sacrifice à la croix. souvenons-nous de Eli le sacrificateur et ses fils Hophni et Phinées, lorsqu'ils ont dans leurs rébellion voulus se servir de L'arche qui est la présence de Dieu pour combattre les cananéens qui les ont humiliés. Bon, bref!

 Débora ne s'est pas levée pour avoire la victoire, mais pour remettre les deux camps chacun à sa place, au cas ou cela aurait été oublié. Les bénis de Dieu dans leurs condition de vainqueurs, et les maudits en état de vaincus,rejetés à jamais. La femme née de Dieu ne sait proclamer dans les temps difficils, je ne peux pas, je n'y arriverai pas. Elle se connaît,et sait de qui elle tient son rôle de restauratrice des brèches. Amen!

Les hommes en ce temps là n'étaient des lâches, loin delà! Mais dans des moments comme ceux là, la sagesse exige que chaque membre de la famille saisisse l'épée qui lui a étée donné par Dieu contre l'ennemi pour s'assurer le repos méritée. Elle savait qui elle était, personne ne pouvait la convaincre du contraire. Je suis la fille du Roi des Rois et du Seigneur des Seigneurs, j'ai le sang royal dans mes veines, donc née pour vaincre.

N'importe qui n'abandonne sa fonction de juge, une condition de vie si confortable et honorable pour devenir en un claquement de doigt, le Lieutenant-Générale de l'armée de son pays. Un tel choix ne peut être que l'oeuvre de Dieu lui-même. Le changement est radicale! Amen!

Le changement spectaculaire de fonction de notre soeur Débora est exemplaire pour toutes les femmes dans tous les cas.Toi et moi ne sommes certainement pas avocates ni juges, mais une vision en laquelle je crois fortement, c'est que, chaque femme née de Dieu quelque soit son âge ou rang social, est Lieutenant-Générale face à toutes les guerres que lui font l'ennemi et partout ailleurs où elle se trouve.

J'aime cette soeur, oui je le répète, pour comprendre et apprécier la force de caractère de Débora il faut demander au Saint-Esprit de nous aider une seul seconde à comprendre l'importance de sa décision en ce ce temps là. C'était une maltraitance et humiliation que subissait tout la nation, et non d'un quartier, encore moins d'une famille d'Israël.

Certainement des personnes plus proches d'elle, c'est à dire son mari,ses enfants,ses parents et amis ont essayés de la découragés dans sa démarche mais en vain. L'ont-ils traités d' orgueilleuse, prétentieuse en défiant l'armée la plus redoutable de ce temps là?Certaines voix se sont peut-être levées parmi le peuple pour lui dire qu'elle ferait mieux de s'asseoir sous son palmier pour les juger, ce qui était à leurs temps une fonction très élevée pour une femme, que de vouloire les délivrer d'une armée qu'ils savaient plus puissante qu'eux. Débora a dit, non! Je ne me voie pas comme vous me voyez, je suis une guerrière que maintenant vous allez connaitre.

Je ne suis pas qu'une épouse, ni mère de mes enfants,ni moins encore une spectatrice,ni celle qui fait que le constat des faits. Non! Moi Débora,c'est affirmatif ! Elle se connaît. Elle sait que dans de telles circonstances, c'est à elle de se lever pour révéler la puissance de Dieu qui est en elle pour assurer le repos à son peuple contre le mépri des cananéens.

Comme une mère en Israël, veut dire non pour ma gloire, mais celle de Dieu et pour l'amour de mon peuple, je me positionne avec le mandat ou le pouvoir que Dieu m'a donné d'écraser la tête du serpent sans rien attendre comme récompense de qui que ce soit.Car une mère qui fait du bien à ses enfants n'attend pas que ceux -ci viennent l'adorer. Pour elle c'est tout à fait normal de protéger sa maison. Car ses entrailles se sont émues pour Israël.

Même s'ils reconnaissent de multiples façons ses vertues,elle n'a pas pour objectifs de s'élire chef de sa maison. Elle le fait avec joie et zèle sachant que personne d'autre ne viendra le faire à sa place. Oh! sa récompense est tout simplement de les voir libres et heureux. Amen, bravo femme de distinction!


**PARLONS-EN ENCORE**

Les chefs étaient sans force en Israël, sans force.

Oui je sais je le répète,en disant que ce n'était pas une faiblesse de la part des hommes de ce temps là, ni des fuyards et encore moins des lâches comme on pourrait le croire. seulement les stratégies qui devaient etre utilisées pour gagner cette guerre ne lui permettaient pas de consulter des hommes sans force, ni les amener sur le champ d'une bataille si importante, ce qui serait un meurtre. Elle le savait car elle était juge ! Elle a trouvée ce qu'il lui fallait, le pouvoir que Dieu lui a donné depuis Eden suffisait pour affronter leurs oppresseurs.

Elle dit bien les chefs, oui l'homme est le chef de sa maison, mais limité sans sa femme. Elle le dit deux fois avec une grande fermeté selon ce qu'elle voyait .

Les hommes ne savaient ou donnés la tête, il y avait un grand désordre parmi eux et cela a mit en mal la prise de bonnes décisions pour lutter contre l'ennemi qui mettait en danger leurs biens-être. N'oublions pas qu'avant la chute dans Eden, l'homme a été sans force. Il remit en cause la parole de son créateur qui tous les soirs venait lui rendre visites pour lui donner des instructions sur le temps qu'il vivait et celui qui était à venir ! Oui, je l'affirme car Adam n'était pas visité par Dieu dans le jardin pour jouer au foot avec lui, mais de le cultiver continuer de cultiver le jardin. (Genèse: 2:15) nous dit:

<<L'Eternel Dieu prit l'homme, et le plaça dans le jardin d'Eden pour le cultiver et le garder.>>

Adam n'avait rien compris du projet divin qui avait été fait pour lui, au point qu'il était entré dans un complexe d'infériorité vis-à-vis de Dieu. Même en sa présence, il se sentait vide et soucieux. Adam devait se demander, où est la personne avec laquelle il allait être dans les journées comme les nuits passer son temps ou communiquer. Car pour lui, Dieu n'était là que les soirs. Il a oublié que son créateur lui faisait entièrement confiance tout en se disant qu'en cas de soucis, il serait capable d'avoir recours à lui. Lui Adam, ne se voyait pas comme le clone de Dieu, il avait l'esprit ailleurs chaque fois que Dieu le visitait. Il ne saisissait pas les enseignements de son maître Dieu. Il avait un besoins pressant, se marié, et Dieu le savait.

Lorsque Dieu l'établit comme gérant de toute sa création, Adam après avoir nommé toute la création il rentra dans une dépression très grave. Il perd toutes ses facultés de l'homme chef, l'homme dieu sur la terre à cause du vide qu'il ressentait. Il lui fallait quelqu'un avec qui il allait vivre dans ce beau jardin pour éviter chaque fois d'être nez à nez avec cet être étranger, méchant dont la présence était oppressante et qui s'était incrusté dans son espace vitale (satan le diable). Dieu répond à ces attentes au point que, lorsqu'il voit Eve à son réveil il pousse un grand cri de satisfaction en disant dans (Genèse: 2:23)qui dit:

<<Et l'homme dit: Voici cette fois celle qui est os de mes os et chair de ma chair ! On l'appellera femme parce qu'elle à été prise de l'homme.>>

Maintenant, il pouvait admirer l'oeuvre parfaite et merveilleuse de son maître Dieu, car il était comblé. Une aide !

Non pas pour les travaux du jardin, mais pour ensemble adorer Dieu, et faire face à toutes les adversités. Adam avait une entière confiance en sa femme face aux ruses du voisin d'en face, le diable. Voilà pourquoi il ne réagit pas quand il voit ce dernier conversé avec elle.

L'homme à toujours eu foi en sa femme, je parles de ceux qui selon Dieu, sont fait pour vivre ensemble pour le glorifier, et non les colocataires. Le don de Dieu est parfait ! Même s'ils ont trahis la confiance de leurs chef,qui ne joue jamais sa dernière carte.

Oh quel merveilleux maître suprême! Qui n'a pas voulu que sa fille chérie après cette chute soit l'objet des humiliations et des railleries des nations dont elle allait être mère dans la suite des temps, lui assurant un avenir glorieux en lui donna le mandat d'écraser la tête du voleur et menteur satan. En un mot devant elle, il doit fermer sa bouche de mensonges mais aussi se mettre à genoux. Alléluia! Adam son mari a eu raison d'espérer en la bonté de son Chef Dieu qui les a aussi vêtu d'un vêtement de grande valeur ( le cuir) avant de les loger dans un nouveau sanctuaire. Elle n'est pas le chef de la mission,mais celle par qui Dieu la fait réussire.

Ecoute ma soeur, je ne suis pas en train de dire que les hommes sont unitils, loin de moi cette pensée! Car ce que Dieu a élevé l'est. Je veux dir que Dieu en créant l'homme et la femme les a rendu complémentaire, donc dépendant l'un de l'autre pour mener à bien la mission qu'il leurs a été confiée par sa propre autorité. Amen! Pour garder cette ligne ouverte;

Comme Débora quand as-tu cernée les faiblesses de ton chef mari? Quand je me suis levée, donc elle a eu un temps de révision de la situation, et un autre où elle décide de se lever.Quelle sagesse! Que Dieu nous aide à faire comme cette soeur dans nos moments difficils où le trouble s'invite dans nos nations et familles, où la force manque à nos époux chefs et les dirigeants de nos Nations. Moi Débora, je l'ai dis plus haut la révélation qu'elle a d'elle même la pousse à s'affirmer Connaissons- nous pour mieux régner dans les moments de troubles.

Quand je me suis levée comme une mère en Israël, oui je le redis encore elle voyait sa nation comme son enfants. Quel courage, quelle audace! oui il nous faut avoir l'amour d'une mère pour crier à Dieu dans les temps mauvais. Il nous faut l'amour d'une mère pour prier pour les autres , cet même amour aussi pour le monde qui périt sous nos yeux.

Quand une femme comme une mère se lève devant Dieu pour intercéder pour une situation les choses changent en bien. Amen! Que Dieu bénisse ta postérité femme exemplaire!

Oh alléluia qu'il aient des Débora en notre temps. Des femmes qui osent dire non à l'ennemi.

Tu es cette femme ma soeur, car tu es née de Dieu pour triomphé de toutes les adversitées. Courage!

<h1 style="text-align:center">Chapitre 3</h1>

<h2 style="text-align:center">MON HISTOIRE CONTINUE</h2>

Avec mon mari nous avions décidés de vivre en France, donc c'est là que sont née nos enfants. Je Précise bien que nous avons cinq enfants et le deuxième est né en Italie quand j'y suis retournée un temps pour le voir durant un certain temps. Mais lui est resté en Italie à cause de son travail dont il était lui même responsable. Il venait nous voir très souvent ,et cela a duré près de neuf ans. Ce qui voulait dire que la garde des enfants n'était que à ma charge. Il assurait financièrement à tous nos besoins, et par le téléphone me donnait les conseilles appropriés , c'est à dire qu'il m'encourageait à tenir ferme. Il m'a fallu Dieu et lui seul pour conduire les âmes qu'il nous a confié à lui tout en veillant à leurs bien-être.
Merci mon Dieu pour ton soutien sans faille!

## SANS LIEU D'HABITATION FIXE

Arrivée en France j'ai étée logée en famille, c'est à dire chez mes soeurs. Plus tard , il a fallu que je déménage après cinq mois chez une autres pour des raisons que je n'expliquerais pas ici car ils sont internes. Après que je sois arrivée chez la deuxième soeur quelques temps après, il fallait que je plies les bagages pour aménager chez une autre et avec les enfants sur les bras, car en ce temps là nous avions deux enfants. Il faut dire que mon mari m'avait donné de l'argent pour trouver un logement, mais ne travaillant pas sur le territoire Français mettait un obstacle à ma recherche. Ce fut des moments très difficils pour moi et les enfants. Je précise que le problème ne venait pas de mes soeurs ,car nous savons les dimensions de certains logements de Paris très restraints. Je m'arrêterais là. L'aîné était à l'école étant toujours avec l'une de mes soeurs,presque deux ans plus tard je vais un jour à l'hôpital pour mes examens gynécologiques et là, le médecin m'apprend que je suis en attente de jumeaux sur la table de l'examen je dis intérieurement, Seigneur comment vais-je faire dans toute cette situation? Oh oui, il n'est jamais loin de ceux qui lui appartiennent. Mon mari a appris la nouvelle, nous fûmes très contents ,mais en même temps très inquiets à cause du lieu d'habitation avec les enfants qui nous faisait défaut. Alors que faire? La prière! il me faut crier à Dieu ,et c'est urgent car bientôt les jumeaux vont naitres.

M'étant un jour rendue à ma visite prénatale habituelle dès la trente cinquième semaine de ma grossesse avec notre deuxième fils qui avait presque deux ans, le médecin me dit, madame on ne peut pas vous laisser sortir d'ici ,sinon vous allez accoucher dans la rue car votre col d'utérus est ouvert. Donc on va vous interner jusqu'à votre accouchement. Ce jour là c'était une autre histoire car je ne m'y attendais pas du tout, alors j'ai appelée ma soeur de venir chercher l'enfant qui ne devait pas y être avec moi , ce qu'elle a fait. Merci grande soeur Martine Saky Tedje! Dans ce lieu mon inquiétude s'intensifiait car je n'avais toujours pas de logement pour accueillir les jumeaux. Je ne pouvais rien dire aux soignants sinon ils m'enleveraient peut-être les enfants pour les placers dans une famille d'acceuille. C'était ma plus grande crainte,mêlée d'une paix inexprimable. Je priais dans ma chambre de l'hôpital et méditais la parole de Dieu quotidiennement. Mon espérance en ce temps là en Dieu fut très grande, c'est le cas jusqu' aujourd'hui . Car me disais-je, si Dieu qui sait toutes choses dans de pareilles circonstances nous donne des jumeaux,il sait pourquoi.

Il à la solution entre ses mains,alors je persévère dans la prière. un matins, les médecins entrent dans ma chambre et me disent, madame, ont doient te déclencher car l'un des enfants est couché sur son frère, il risque de mourire si demain on ne fait rien. Cette information me fut faite le matin. Vers l'après-midi ils reviennent, il faut le faire maintenant car les monitorings nous révèlent que le plus petit ne respire pas bien. Vite il faut procéder au déclenchement ! Donc ils m'ont emmenés en salle d'accouchement, et gloire à Dieu tout s'est très bien passé. Ils les ont mis en couveuses pour les transférés à l'hôpital de montreuil où ils sont restés pendant trois semaines. Oh gloire à Dieu, étant sortie trois jours après, je suis allée voir l'assistante sociale de notre secteur pour lui exposée la situation. Sur le champs elle s'est mise à faire des appels pour voir si dans les foyers on pouvait m'y trouver une place. Mais ses recherches sur Paris fut veines, et les jours de la sortie des enfants avancaient à grands pas. Nous étions dans la dernière semaine de leurs sortie, le Saint-Esprit me rassurait qu'Il s'occupait de la situation, mais humainement parlant au bout du tunelle je ne voyais rien ,non rien du tout mais je me suis appuyée sur le verset d'Esaie.

Esaïe:4:1:7
Ainsi parle maintenant l'Eternel,qui t'a créé,ô Jacob! Celui qui t'a formé,ô Israël! Ne crains rien,car je te rachète,

Je t'appelle par ton nom: tu es à moi!

Si tu traverses les eaux,je serai avec toi; Et les fleuves,ils ne te submergeront point;
Si tu marches dans le feu, tu ne te brûleras pas, Et la flamme ne t'embrasera pas.
Car je suis l'Eternel, ton Dieu, Le Saint d'Israël, ton Sauveur;
Je donne l'Egypte pour ta rançon L'Ethiopie et Saba à ta place.
Parce que tu as du prix à mes yeux, Parce que tu es honoré et" que je t'aime, Je donne des hommes à ta place
Et des peuples pour ta vie.
Ne crains rien, car je suis avec toi ; Je ramènerai de l'Orient ta race
Et je te rassemblerai de l'Occident. Je dirai au septentrion; Donne!
Et au midi ne retiens point!
Fais venir mes fils des pays lointains, Et mes filles de l'extrémité de la terre, Tout ceux qui s'appellent de mon nom, Et que j'ai créés pour ma gloire,
Que j'ai formés et que j'ai faits. Amen!!)


Voilà ce qui a fait ma force !Et mon mari en Italie était très inquiet ne sachant quoi faire étant éloigné.


Mais je le rassurais car j'avais foi que Dieu ne permettrait pas que nos enfants soient placés dans une autre famille que celle dans laquelle Il les avait envoyé.


Alors le matin où je devais aller les chercher accompagnés par l'ambulance,c'est à dire celui de l'hôpital tenon à Paris 20éme où j'avais accouchée à celui où les enfants étaient en couveuses,à Montreuil à dix heure.


l'Assistante sociale m'appella le matin même madame Dakouri, j'ai trouvée une place pour vous à Meaux dans un hotel pour cinq mois. Une épine venait de m'être hotée des pieds. Ma joie fut très grande! Car j'avais désormais un lieu où rester avec mes enfants.


Dieu répond toujours aux prières de ses enfants, oui toujours! Je me mis à genoux pour louer mon Père avant de faire mes bagages de chez ma soeur, puis avec l'assistante sociale nous sommes allées à l'hôpital et de laba suivant toujours l'Ambulance nous sommes arrivés à l'hôtel à Meaux. Avant qu'elle ne nous quitte, l'assistante sociale à remplie les documents me donnant droit d'y être avec mes enfants. Arrivés dans notre chambre, j'ai fléchie les genoux pour louer mon rédempteur qui venait d'opérer un miracle en notre faveur. Je n'aurai jamais de verbes exactes pour vous raconter ce que j'ai vécus en ce temps là.Ce qui m'a donné la force durant ces temps là je répète,ce sont les promesses de Dieu en ma faveure. Il n'y avait pas que Esaïe: 43:1:7, il y en avaient plusieurs versets des autres livres de la Bible que je ne mentionnerai pas ici à cause du nombre.

La femme née de Dieu triomphe de tout,si elle est consciente de son identité en Jésus-Christ. Notre communion avec le Saint-Esprit à tant que femme, nous pousse à nous affirmer face aux batailles qui s'imposent à nous. On est nées pour vaincre c'est vraie, mais si nous n'avons pas Jésus-Christ pour pilier dans notre vie, on a beau être une femme courageuse, dans les temps difficils on aura pas de repaires donc pas de secours pour nous délivrer. Ma soeur c'est le moment de changer ta façon de te voire. Il faut impérativement compter sur la présence du Saint-Esprit dans ta vie, pour arriver à accomplire toute ta destinée. Il faut dire que dans ces circonstances là j'était très loin de mes frères en Christ, quelques uns m'appelaient pour avoire de mes nouvelles, sans plus. Les frères et les soeurs en Christ étaient ma Bible. En l'ouvrant je pouvais voire Jésus me parler et me conseiller.

Car durant ce moment, je ne pouvais pas aller dans une assemblée pour prier car les enfants étaient trop petits. L'un pesait 2 kg, et l'autre 900g, donc moins d'un kg à la naissance, et à la sortie des couveuses, celui de 2 kg faisait 3,kg et celui de 900 à 2,kg. ils étaient très fragiles. En plus des deux premiers enfants, c'était très compliqué pour moi de me joindre à une communauté, dite église pour prier. Même au milieu de toute cette difficulté la présence de Dieu ne m'avait jamais quitté, au contraire,par sa parole,il me fortifiait et m'encourageait à tenir bon car je n'était pas seul,me disait-il. Si je ne pouvais pas aller loin pour prier avec mes frères en Christ, il allait les envoyer vers moi. C'est ce qui s'est produit dans l'hôtel. Notre Dieu est merveilleux !

Un jour, alors que mon mari était venu nous voire à l'hôtel, ne connaissant Meaux un dimanche il est allé faire un tour avec sa voiture dans le quartier. C'est à un arrêt de bus qu'une dame l'a arrêtée lui demanda un service, celui qui était de la déposée à son lieu de prière qui était l'hôtel où nous logions. Une fois dans la voiture mon mari lui posa la question. Où se trouve votre église? elle répondit, au dernier étage de l'hôtel. En l'invitant à leurs réunions lui donna tous leurs programmes de prières. C'est ainsi qu'il lui parla de sa famille dans les lieux.

Grande fut la joie de cette soeur de nous rencontrer, ce qui à été fait. Vous ne pouviez imaginer quelle a été la mienne! Et nous fûmes membres de leurs assemblée qui était assez vivante. Les soeurs venaient nous chercher pour les moments de partages de la parole de Dieu, après que mon mari soit retourné en Italie pour ses occupation professionnelles, et cela durant tout le temps que nous étions dans ces lieux.


## UNE AUTRE ÉPREUVE

Dès notre première semaine à l'hôtel, la gérante à commencée à se plaindre des bruits et des pleurs des enfants. Je ne savais pas quoi faire. A chaque fois qu'elle avait l'occasion elle montait dans ma chambre pour me menacer d'expulsion.

Je ne savais pas comment descendre pour faire la cuisine, parce qu'il était interdit de préparer dans les chambres et donc d'y manger. Comment prendre tous les enfants chaque fois pour venir au rez de chaussée où se trouvait la cuisine pour s'y nourrir ?

C'était un grand problème. Mais j'ai déposée la situation sans me laisser influencer par les évènements entre les mains de Dieu. Vers la fin de cette première semaine, une responsable des Assistantes Maternelles de Meaux m'a appelée de la part de mon assistante sociale de Paris me disant que des assistantes maternelles et puéricultrices passeraient régulièrement pour m'aider à m'occuper des enfants. Certaines venaient pour le repassage, et d'autres pour le ménage, et même pour me permettre de faire mes courses administratives, la cuisine, etc. J'ai reçus cette assistance durant tout notre séjour à l'hôtel. Amen!

Au milieu de toutes ces épreuves, Dieu à ranimé ma foi en son amour inconditionnel.

Il faut rappeler qu'après dix sept heure, j'étais seul avec les enfants aussi les week-end car le service des aides sociales prenait fin les vendredis à 17h. Donc, je prenais soins de tout faire en leurs présence pour ne pas être embêter étant seul avec les enfants!

Je le redis, la gérante de l'hotel se plaignait des pleurs des enfants,au point qu'elle s'est disputée au téléphone avec ma première Assistante Sociale de Paris à ce propos.

Alors moi, je continuais dès que j'avais un petit bout de temps de chercher un logement ,car ses remarques devenaient très oppressantes. Madame si vous ne trouvez pas un autre endroit pour y aller avec vos enfants avant la fin du mois, je me verrai dans l'obligation d'appeler la Police me disait-elle chaque fois qu'elle me voyait. Et là nous étions dans le quatrième mois. Je passais du temps à jeûner à la prière et la méditation de la parole de Dieu, les nuits comme les jours. Ma force était dans la prière, oui la prière qui consiste à affiner ses oreilles à entendre la voix du Saint-Esprit dans toutes les circonstances de notre marche Chrétienne sur cette terre. Je savais que l'hôtel n'était pas notre terminus !

De chez ma soeur à Paris, à l'hôtel, et de là, je savais que le meilleurs était devant nous.

Alors dans cette attitude positive Dieu se glorifia! Il faut dire que humainement parlant j'avais tout fait. Même à Meaux, les bailleurs me donnaient les mêmes réponses qu'à Paris.

Nous voyons bien l'argent, mais les fiches de paies de votre mari posent problèmes. Il ne travail pas en France et donc n'y paie ses impôts, on ne peut rien faire pour vous madame.

## UNE SECOND SUFFIT À DIEU POUR NOUS RÉPONDRE!

Un mercredi matin je suis allée faire des courses au supermarché de la place, en sortant une soeur m'a interpellée connaissant ce que je traversais me dit, je connais une association qui peut t'aider. Elle m'a donnée leurs coordonnés pour les joindre, ce que j'ai fais. Lorsque j'ai étée les voir, ils m'ont dit reviens la semaine prochaine car notre directrice n'est pas là,ce que j'ai fait. J'avais la paix intérieure comme si j'étais au bout du tunelle. Au temps du rendez-vous je m'y suis rendue, et grande fut ma surprise!

Tout le personnel et la directrice m'attendaient comme une haute personnalité. Ils me demanda avant que je m'explique, vous avez des jumeaux prématurés? je dis oui. J'étais comme une reine entre leurs mains. ils me demanda encore où habitez-vous avec eux? Je dis à l'hôtel. Ne t'inquiète pas nous allons te trouver un logement en urgence d'ici trois jours, car les lieux où nous allons te mettre sont occupés par une personne qui partira dans deux jours. Vas et fais tes bagages nous passeront te prendre pour le déménagement, et nous changeons tout dans l'appartement aussi. Il vous faut des lits, un frigo,et tout ce qu'il faut dans un appartement avec des enfants. Le jour arrivé,et nous avons aménagés dans les lieux c'était un deux pièces. Ils m'ont remis des chèques restaurant,des paquets de couches, des paquets d'eau,des boites de lait et bien beaucoups d'autres cadeaux. J'étais sans voix et nous sommes partis de l'hôtel avant la fin de notre contrat, car la pression de la gérante était très grande. Arrivés dans l'appartement, je me suis mise à genoux pour rendre gloire à Dieu pour sa miséricorde qu'Il venait de manifester à notre égard. Nous y sommes restés pendant huit mois, et ils nous ont dans la suit de l'année trouvés un logement de quatre pièces, oui très grand! c'était l'oeuvre de notre Dieu!

Esaïe:7:4:
Sois tranquille, ne crains rien, Et que ton coeur ne s'alarme pas. Devant ces deux bouts de tisons fumants. Devant la colère de retsin et de la Syrie et du fils de Remalia, amen!

Ésaïe:40: 18
A qui Voulez-vous comparer Dieu?
Et quelle image ferez-vous son égale?

Le jour du départ , la gérante ne savait et ne comprenait rien de ce qui se passait sous ces yeux. Elle ne comprenait pas pourquoi ces gens se pressait tant pour nous.

Oui elle était très confuse! mais moi je savais qu'elle a étée l'instrument de mon Dieu pour nous conduire dans les lieux qu'Il avait d'avance préparé pour nous. Je l'ai remerciée pour le temps que nous y avions passés. Non, je dis non personne n'est comparable à notre Dieu.
Gloire à Dieu!

Je voudrais souligner que nous faisions toujours partis de l'Assemblée des frères qui priait à l'hôtel lorsque nous avions étés relogés par l'Association non loin de là. Nous étions à dix minutes à pieds de là, alors tous les dimanches nous venions aux cultes.

Mon mari avait acheté en Italie aux jumeaux une très belle poussette de marque Chicco,ce qui rendait nos déplacements faciles.

Alors que nous étions un dimanche venus à la prière, fautes de places toutes les poussettes étaient laissées à l'entrée de la salle. Après le moment de prière celle de mes enfants avait étée volée. Les frères m'ont aidés à la chercher mais en vain,ce qui rendait désormais notre présence compliquée. Les enfants avaient près de sept mois et chacun pesait huit à neuf kg, je ne savais dans un premier temps quoi faire! Alors je me suis souvenue de ce que le diable a dit à Dieu à propos de Job. Il t'aime parce que tu l'as comblé des richesses et de ta protection.

Job: 2: 4: 5

Et Satan répondit à L'Eternel; peau pour peau! tout ce que possède un homme,il le donne pour sa vie.

Mais étends ta main, touches à ses os et à sa chair,et je suis sûr qu'il te maudit en face.

## A CHAQUE PROBLÈME SA SOLUTION

Je me suis dis certainement que l'ennemi se moque de mon Dieu en lui disant que Sarra et ses enfants n'iront plus à la prière faute de poussette. Alors à chaque moment de nos rencontres je les mettais au dos c'est à dire, avec le pagne Africain, un était mis au dos et l'autre sur les bras. Cela à duré presque deux mois, puis le papa a acheté une autre à la place de celle qui avait été volé et même plus belle.

A la traversé de chaque épreuve de notre vie, l'ennemi se presse de se moquer de Dieu lui disant, je sais que là, il ou elle ne tiendra pas, donc t'abandonnera. Mais notre Père Dieu lui répond je connais mieux mes enfants que toi alors arrière-toi de moi!

Dieu nous est fière de nous , donc il nous fait confiance même au milieu des tempêtes, car il sait que nous sommes conscients de sa présence à nos côtés jusqu'à la fin de notre pèlerinage sur la terre. Il y a plusieurs façons de porter un enfant, si lui le diable ne le savait pas, moi si.

Toutes les situations difficiles ont étées toujours vaincues par la femme née de Dieu. Ma force est en celui qui m'a créé, oui je puis tout par celui qui me fortifie, le Saint-Esprit. Amen!
Genèse : 3 : 15:

Je mettrai inimitié entre toi et la femme, entre ta postérité et sa postérité: Celle-ci t'écrasera la tête, et tu lui blesseras le talon.
-Victoire!!

Pour ma part lorsque la tête d'un être à été écrasée, il ne lui reste qu'à être enterré. Après avoir vécus huit mois dans le local d'urgence, il me fallait des revenus mensuels pour pourvoir accéder à un logement plus grand qui serait à mon nom. Mais dans ma condition je ne pouvais pas travailler. Donc, que faire? avant la fin du huitième mois une soeur en Christ d'Italie est venue nous rendre visite pour un mois , alors j'ai profitée de sa présence pour chercher un travail en urgence. Et Dieu merci , je l'ai eu pour une durée de trois mois.

Lorsque l'association qui m'hébergeait l'a appris, sans voir la première fiche de paie m'a octroyée un logement de quatre pièces . Sans aucune caution, ni quoi que ce soit . C'est elle qui à encore procédée à mon deuxième déménagement. Qui à été à la base de tout çà? Dieu! Alors que nous étions bien avec les frères qui priaient à l'hôtel,le pasteur nous apprend qu'il part de là pour Noisiel, car le local était devenu trop petit pour les membres.

 Je ne savais plus où aller prier avec mes enfants car sans un véhicule personnel, la distance était devenue très longue. C'est ainsi que nous nous sommes séparés avec beaucoup de chagrins. Mais je ne baisses pas les bras car chaque problème à une solution. Ce fut la fin de cette période, de Paris à l'hôtel à Meaux et de l'aide de cette Association que je tiens à remercier encore sur cette ligne qui s'est disposée à être l'instrument de mon Dieu pour me sortir de la tempête qui menaçait notre bien-être.

Comme je l'ai dit dans mon précédent ouvrage, la façon dont nous rencontrons le Seigneur Jésus-Christ dès notre conversion est très importante, pour le reste notre vie sur la terre. Il ne faut pas plaisanter avec cela!

Si nous sommes réellement converties, dans les temps difficils le Pasteur ne sera pas notre appuis, mais le Saint-Esprit. Sachant qu'il nous conduit toujours à reconquérir des territoires perdus et surtout difficiles d'accès et même ceux de nos ennemis. Amen!

# Chapitre 4

## SEUL AVEC JÉSUS-CHRIST DANS LES ÉPREUVES

Job 22v21-30

<< Attache-toi donc à Dieu, et tu auras la paix; Tu jouiras ainsi du bonheur. Reçois de sa bouche l'instruction, Et mets dans ton coeur ses paroles.
Tu seras rétabli, si tu reviens au Tout-Puissant, Si tu éloignes l'iniquité de ta tente.
Jette l'or dans la poussière, L'or d'Ophir parmi les cailloux des torrents;
Et le Tout-Puissant sera ton or, Ton argent, ta richesse.
Alors tu feras du Tout-Puissant tes délices, Tu élèveras vers Dieu ta face; Tu le prieras, et il t'exaucera, Et tu accompliras tes voeux.
A tes résolutions répondra le succès; Sur tes sentiers brillera la lumière.
Vienne l'humiliation, tu prieras pour ton relèvement: Dieu secourt celui dont le regard est abattu. Il délivrera même le coupable, Qui devra son salut à la pureté de tes mains.>>

Oui, il me fallait être attachée vraiment au Seigneur Jésus-Christ sans regarder à droite ni à gauche pour le bien de ma maison. Dans ce logement les prières avec les enfants étaient très intenses. Tous les matins et soirs nous avions nos rendez-vous avec le grand Roi. Les attaques spirituelles comme physiques se succédaient. Les enfants tombaient très régulièrement malades au point que certains étaient hospitalisés. Donc, j'étais très souvent entre la maison et l'Hôpital pendant un certain temps. Deux ont étés opérés de l'hernie. Plus tard, deux autres se sont blessés à l'école, à la cheville et l'autre au coude. Les deux ont étés plâtrés un pour trois semaines et l'autre pour un mois, les jumeaux avaient déjà quatre ans.
Un soir je suis allée chercher les enfants à l'école, le directeur m'informe que l'un de mes enfants était assez turbulent , donc il fallait le placer dans une structure spécialisée.

Je n'ai pas donné de crédit à son diagnostique vis à vis de mon fils. En rentrant à la maison, j'ai déposée la situation entre les main du Seigneur, malgré que je ne comprenais rien de tout ce qui se passait.

Après une semaine, le service pédagogique et d'autres responsables de l'établissement scolaire m'ont convoqués pour statuer sur l'affaire. Mais ils n'ont pas eus le dernier mot, car certainement mon Dieu non plus n'était pas de leurs avis .

Ainsi, mon Dieu a empêché leurs plan d'aboutir. La semaine suivante, le collège me convoqua aussi car mon fils aînés avait tagué le mur des toilettes. Pour cette raison, ils l'ont menacés de porter plainte, alors qu'en réalité il n'y était pour rien. En effet, c'était une autre personne qui l'avait fait selon les enquêtes menées. Au milieu de toute cette tempête, une paix indescriptible inondait mon âme.

Je savais bien que toutes ces épreuves n'étaient là que pour me former, afin d'être prête à accomplir l'oeuvre à laquelle il m'a appelée.

Durant ces temps difficiles, la méditation de la parole de Dieu, et la prière, ont étées ma force pour braver toutes ces tribulations. Les moments difficiles forgent notre caractère pour être comme Débora, Anne, Ruth, Esther, et bien d'autres femmes dans la Bible qui étaient à la place où Dieu les avaient établis. Femme ! Si tu es née de Dieu, sache que tu as reçus de lui le mandat pour vaincre. En citant ces soeurs, je veux parler de leurs détermination qui a étée de bien remplir leurs ministères,donc d'honorer Dieu. Je ne dis pas que nous sommes exactement comme elles, car chaque femme est unique en son genre, et a des défis auxquelles elle doit faire face et vaincre.

En ce qui me concerne, j'étais tiraillée de toute part, sans toutefois oublier les combats spirituels qui s'imposaient à moi.

Seul le Seigneur nous a placé sous ses ailes  pour ne pas succomber sous le poid de toutes ces attaques.

Nous n'avions pas baissés les bras dans la prière, nous jeûnons très souvent et faisions des veillées de prières pour tenir fermes. Mon époux était toujours en Italie et venait très souvent nous voir quand le temps de son travail le lui permettait. Ce qui était impressionnant dans tout ça, c'est que la présence du Saint-Esprit avait appris aux enfants à diriger et à exhorter pendant nos temps de prières, c'était tout simplement magnifique! S'attacher au   Seigneur est la meilleurs des choses que peut faire la femme née de Dieu dans n'importe quelle situation de sa vie. Très jeunes, chacun connaissait merveilleusement l'histoire du personnage Biblique dont il portait le prénom. Amen!

Il ne faut pas s'attacher à Dieu seulement dans les temps difficils, mais aussi quand tout va bien. Si la femme née de Dieu triomphe de tout, c'est parce qu'elle a compris que ses faiblesses sont des outilles pour mieux forger son caractère et pour aussi bien remplie son ministère. Elle a aussi compris ce verset,

( Philippiens: 4: 13
Je puis tout par celui qui me fortifie).

Oui je triompherai toujours car celui qui vit en moi est plus fort que celui qui est dans ce monde. la femme née de Dieu dit quelques soient les situations, tout va bien!
Elle sait qu'elle n'est jamais seul! Dieu est son soutient de tout les temps. Gloire à Dieu!!

# UN AUTRE TEMPS MOUVEMENTÉ

Il me faut une très bonne canne pour traverser ce désert
:::::::::::::::::::::::::::::::::::::::::::::::::::::::::::::::::::::::::::::::::::::::::::::::::::::::

Quelques années plus tard mon mari était entré définitivement en France auprès de nous, oh quelle joie, quel soulagement!

Je n'étais désormais plus seul à affronter les tempêtes qui venaient contre notre maison avais-je pensée.

Cinq ans plus tard, le divorce. Qu'est ce qui s'est passé?

Je ne cautionne pas la séparation encore moins le divorce entre l'homme et sa femme , et quand surtout de cette union sont nés des enfants qui ne demandent rien d'autre que de voire leurs parents ensemble tout en s'occupant d'eux. Nous avons énormément souffert de cela, et le Seigneur seul qui était là à l'intérieure de ce foyer pouvait comprendre et voir tout ce qui se passait. Oui c'était une horreur mais aussi une erreure de procédé de cette façon. Permettez-moi de ne pas rentrer dans les détailles car il me faut protéger les innocents dans cette affaire, sans toutefois susciter des commentaires accompagnés de faux jugement. Car aujourd'hui nous vivons sous le pardon de Dieu ce que j'appelle la grâce.
La femme née de Dieu triomphe t-elle de tout ? Oui !

C'est une femme qui tourne toutes les situations en sa faveure tout en étant consciente que même ses moments de faiblesses sont pour elle comme une école où elle acquiert des grands diplômes qui sont, la persévérance, l'assurance, la foi, la fidélité, la crainte, la maîtrise de sois-même et l'espérance par la personne du Saint-Esprit qui est toujours avec elle pour transformer la fin de toutes ses batailles en de grandes victoires.

Il ne faut pas se tromper, la femme consciente de sa destinée est plus exposée aux épreuves et aux difficultés. Car la Bible dit:

<<Or, tous ceux qui veulent vivre pieusement en Jésus-Christ seront persécutés. 2 Timothée 3: 12 >>

L'ignorante ne sait pas où elle va, donc n'est pas capable de mesurer l'ampleur des dangers qui l'entourent. Cependant, celle qui est sage non seulement est plus avisée des obstacles qui sont devant elle, mais a aussi les moyens de les affronter, et les vaincres. L'ennemi n'aime pas celles qui voient, je veux dire celles qui sont lucides parce qu'elles représentent une menace pour lui. En revanche, il préfère les aveugles spirituelles, et même physiques parce qu'il n'aime personne.

La femme née de Dieu n'a pas le soucis du temps que prend son combat.

Elle n'a qu'un seul objectif, celui qui est de toujours faire confiance à son Dieu qui n'a jamais manqué de la secourir.

Je voudrais sur cette ligne, t'encourager femme à ne jamais baisser les bras, quelque soit la force de la tempête qui menace la barque où tu te trouves.

Mais de crier à Jésus-Christ qui est tout puissant pour te sauver. Prends courage!

Nous disons souvent, après la pluie vient le beau temps. L'ennemi de nos âmes nous fait la guerre sachant que nous avons reçues de Dieu, le mandat d'écraser sa tête.

# Chapitre 5

## LÈVE-TOI ET AGIT

Depuis mon pays, Dieu m'avait dit qu'il nous utiliserait pour faire son oeuvre en Europe. Voilà pourquoi arrivée en Italie, Il nous a utilisé pour ouvrir dans la ville où nous étions, une assemblée chrétienne Francophone, dite église.

Après tout ces temps difficils que j'ai traversée avec ma famille, l'Esprit de Dieu me fit signe par des rêves, des songes et par d'autres signes qu'il fallait que je commence une cellule de prière à la maison en y impliquant d'autres personnes.

J'avais cette certitude que Dieu voulait nous utiliser pour glorifier son nom, mais pas sans mon mari.


## LA FUITE

Il y avait en moi comme un feu mêlé aussi d'une paix qui me poussait à commencer les réunions de prières, mais j'étais persuadée que Dieu ne pouvait me demander de faire son oeuvre dans la condition de femme divorcée que j'étais. Je raisonais beaucoup et ne voulais rien savoir avant la réconciliation avec mon mari. La cellule familiale ne me posait pas de problème, puisque c'est ce qui à été toujours fait, mais de là à associer d'autre personnes à celà était tout simplement pour moi impossible. Car me disais-je s'engager dans ce ministère demandait le cheminement de nous deux à tant que couple. Même si le zèle qui me consumait était de me lever pour commencer ce que nous avions entamés en Italie, il me restait des questions comment et quand? Le désir d'aller plus loin avec le Seigneur était belle et bien là, vu tout le zèle que les enfants et moi avions pendant nos rencontres de prières, et cette hésitation à bien durée dix ans. Nous avons en ce temps rejoint une église baptiste qui était dans le quartier où je chantais dans le groupe musical, tout celà pour éviter d'être isolés car la communion fraternelle est très importante. nous y avions passés de très bons moments avec nos frères de labà. Après quelques temps, le Seigneur me demanda de quitter cette église avec les enfants. Il faut dire que dans ces lieux je n'étais pas que chantre,mais aussi celle qui encourageais les femmes à se réunir pour des temps de prières deux dimanches dans le mois, et c'était très bien.

Sans toutefois oublier d'autres personnes que par mon canal le Seigneur y avait envoyé.

Je souligne que dans cette église les frères ne croyaient pas aux dons du Saint-Esprit, c'est à dir le parler en langue et les prophéties, car m'ont ils dit un pasteur en mission parmi eux s'en est servi pour diviser l'église en les quittant avant la fin de son travail avec quelques membres. Cela me dérangeait un peu au point que chaque fois que j'avais l'occasion, je les exhortait à rechercher le Seigneur dans ce domaine ( le baptême du Saint-Esprit). Mais finalement j'avais compris qu'ils ne le voulaient pas par manque de discernement. C'était la seul église Evangélique du quartier, et les autres étaient très éloignées. A la fin de notre sixième année, le Seigneur a commencé à me revelé par des rêves et autres moyens plus claires de partir de là. j'étais tellement engagée dans cette assemblée que je jouais à la sourde oreille. Pour moi ce n'était pas possible que Dieu me demande de quitter des frères a qui ma présence faisait du bien. Je me disais aussi que peut-être dans la suite des temps, ils comprendront l'importance de chercher Dieu dans ce domaine , et je m'obstinais à me séparer d'eux. Mais comprenons que nous ne pouvons pas savoir ce qu'il faut aux hommes ni les aimer plus que Dieu. Donc quelques jours plus tard parmi toutes ces révélations j'eu un songe qui m'a fait froid dans le dos. Le voici!

Je me trouvais devant l'église, et du côté de la route où je me trouvais, je regardais en face de moi des personnes debouts et derrière eux, une forte voix se fit entendre en disant ceci. Pourquoi aimez-vous rester dans une église où il n'y a pas mon Esprit!!

Alors là, je n'avais plus le choix que de les quitter sans tarder. C'est ainsi que je suis allée informé le pasteur qui était de service en ce moment là, sans exactement lui raconter ce qui en était vraiment de mon départ. Oui il fallait être sage pour éviter de renvoyer l'image de quelqu'un qui se croyait beaucoup plus spirituel qu'eux. Ce n'était pas mon objectif et non celui de Dieu d'ailleurs de me croire supérieure à eux. Nous sommes, les enfants et moi revenus à la maison. Que faire? nous avons continués nos cellules de prières à la maison. Je voudrais souligner que le pasteur de cette église d'où nous sortions avait assisté à tout ce qui c'était passé dans mon foyer, jusqu'au divorce. Il n'était pas pour, il a même tout fait pour nous aider à l'éviter mais élas! J'étais réticente en ce qui concerne les activités dans cette église, mais il n'a pas vue d'objection à ce que je fasse ce que Dieu m'avait donné de faire au milieu d'eux, comme chanter dans le group musical et l'encouragement des femmes à avoire des réunions de prières et biens d'autres choses ,ce qui était devenue pour certains d'entre eux un sujet de jalousie. Je fermais mes yeux sur beaucoups de leurs actes pour que l'oeuvre avance me disais-je. J'avais le sentiment de chaque fois de heurter contre un bloc de pierre. Oui la froideur de l'église leurs convenait certainement, mais le pasteur sa femme et quelques membres m'encourageaient à continuer de motiver ceux qui n'y voyaient pas d'inconvénient.

Moi j'étais mal à l'aise à cause de mon divorce, mais pour certains c'était le fait que tout se passait bien dans mes tâches que m'avaient confié l'homme de Dieu. Jusqu'à ce que par mon entêtement d'y rester le Seigneur vienne lui-même m'y faire sortir. J'étais satisfaite d'avoir fait de mon mieu dans cette église là pour faire avancer l'oeuvre de notre Dieu parmi eux.

Beaucoups ont insistés à ce que nous restions, mais Dieu n'était de même avis qu'eux . Une fois de retour à la maison, il fallait trouver une Assemblée pour éviter l'isolement, alors nous sommes retournés à paris à l'Assemblée où j'étais avant que je ne vienne habiter à Meaux. Les enfants avaient grandis donc il ne se posait plus de problèmes pour notre déplacement en transports. Une fois arrivés labà, un frère qui me connaissait depuis le pays était responsable du groupe de louange, alors il m'invita à faire partir de leur chorale. Alors avant de m'engager j'ai demandée à voir le pasteur pour qu'il sache ce qu'est devenue mon foyer. Après lui avoir tout relatée, il me répond, si Dieu te demande de faire son oeuvre qui suis-je moi pour m'opposer à lui? c'est ainsi qu'avec son accord je me joignie au groupe de louange de l'église. Là encore tout allait très bien. Après quelques mois le pasteur me demanda de ne plus fait partie du groupe car, dit- il fallait que je régularise ma situation familiale, ce qui était tout à fait normal. Donc je m'étais mise à l'écart durant un long moment. Plus tard notre déplacement Meaux-Paris fut très compliquée ,car je venais de perdre mon boulot. Nous sommes revenus à la case de départ après quatre ans à l'église de Pris. Nous étions six personnes et je ne pouvais plus assumer les frais de transports. Arrivés à la maison je me suis retirée dans ma chambre pour rechercher la face de Dieu, et là Il me répond. Commence à prier chez toi à la maison, pourquoi vas tu jusqu'à Paris alors que j'ai besoins de toi à Meaux? En ce temps là nous déménagions dans un plus grand logement dans un autre quartier d'où un pasteur qui tenait une grande cellule de prière chez lui nous invita à nous joindre à eux, ce que mes fils et moi avions fait. Après quelques temps nous avions eus une salle pour nos moments de prières, et là aussi le pasteur me donna la responsabilité d' exhortée à quelques réunions et même aux cultes les dimanches . Je ne l'avais jamais fait en dehors de ma maison si ce n'était de chanter!

Mais j'accepta sa demande, et tout ce passait très bien durant les deux ans que nous sommes restés ensemble. Mais au dedan de moi je savais que je n'étais pas à ma place. Ce n'était pas là que Dieu me voulait. Un jour alors qu'il était avec un diacre de l'assemblée dans son bureau, je suis venue lui dire que j'allais les quitter. Il fut très en colère et me dit, si tu nous quittes j'enverrai après toi quatres esprits mauvais pour te tourmenter. Je n'ai pas eu peur de cette intimidation, puis il essaya de prier pour nous en nous remettant entre les mains du Seigneur Jésus-Christ pour la réussite de la mission qu'Il m'a confié. C'était ridicule, mais c'est ce qui c'est passé car moi je ne voulais pas le quitter à queu de poisson mais dans la paix et finalement ce fut le cas.

Je ne voulais pas commencer ce que Dieu m'avait dit de faire car j'avais peur du jugement des autres. Me dirront- ils , elle a divorcée, en plus qui l'a consacrée pour être pasteur des âmes? Alors je voulais la présence de mon mari pour qu'ensemble nous continuions la mission qui est la nôtre. Gloire à Dieu !


**JE ME SOUMET**

La parole de Dieu dit dans, ( 1 Samuel :15: 22 : 23
Samuel dit: L'Éternel trouve-t-il du plaisir dans les holocaustes et les sacrifices, comme dans l'obéissance à la voix de L'Eternel ? voici, l'obéissance
vaut mieux que les sacrifices, et l'observation de sa parole vaut mieux que la graisse des béliers.

Car la désobéissance est aussi coupable que la divination, et la résistance ne l'est pas moins que l'idolâtrie et les théraphim. Puisque tu as rejeté la parole de L'Eternel,il te rejette aussi comme roi Dieu me dit, c'est moi qui te dis de te lever pour continuer ce que vous avez commencés en Italie. N'ai pas peur je suis avec toi, tu n'es pas seul!

Je lui ai répondu Seigneur, je suis une femme divorcée et je n'ai pas la couverture d'un homme, comment y arriverais-je ?
le Seigneur vit vraiment mes craintes et mon désir de ne pas lui désobéir,il me dit encore, c'est moi aussi qui ai appelé Marie de Magdala pour aller dire à mes serviteurs que je suis ressuscité. De femme prostituée, j'ai fais d'elle non

seulement ma fille, mais aussi ma servante. Elle a obéit.

Ne Regarde pas aux jugements des hommes, non, ne les laisse pas te freiner. Lève-toi et agit.

Oh quelle confirmation!

Quel soutien de la part de Dieu lui-même !


## LE DOUTE

Je me disais, c'est vraie que Dieu m'a parlé mais, je n'ai pas une grande connaissance de la parole de Dieu alors comment faire?

Oui c'était ma façon de voire les choses et non celle de Dieu.

J'avais sérieusement peur de cette charge. Un jour Dieu me posa cette question. Que choisis-tu entre celui qui connais toute la Bible mais qui n'obéit pas à ce qui y est écrit, et celui qui obéit avec la connaissance de quelques versets?

Celui qui honor un seul de mes commandements, les aimes tous!

Et celui qui aime son prochain selon ma parole, aime Dieu, car toute ma parole est liée et non divisée. Celui qui applique vraiment un seul, les exécute tous et donc m'aime. Comme Gédéon , vas avec la force que tu as et ne te sous estime pas.

Au fur et à mesure que tu t'approches de moi tu auras toute la connaissance qu'il te faudrait pour ta mission. Amen!

Chacune de nous est emmenée à triompher de ses peurs, ses craintes et de toutes ses épreuves. Alléluia!

Je me suis levée pour commencer l'oeuvre avec mes enfants avec des programmes bien structurés.
Tous les mardis = réunions de prières et d'exhortation de 19 h à 20 h
Les vendredis = réunions de louange, d'adoration et d'étude Biblique de 19 h à 20

h Les samedis = les répétitions du groupe de louange = de 15 h 30 à 16 h 30
Les dimanches nos cultes de louange d'adoration et d'édification = de 9 h 30
à11h30 Veillées de prières tous les derniers vendredis = de 22h à 3h ou 5h selon
les sujets de prières jusqu'à ce jour.
Tout ceci était très bien jusque là.
 Mais comment et avec qui travailler pour faire avancer l'oeuvre? puisque toute
seul je n'y arriverais pas.


## AU TRAVAIL !

Alors pour faire avancer la mission nous nous sommes les enfants et moi mis à
évangéliser les âmes dans la ville et aussi à travers les moyens de transports et
pendant les jours des marchés dans les quartiers.

Ce que nous faisons jusqu'à ce jour. Amen!

Quelques temps après, les âmes ont commencées à se joindre à nous pendant nos
réunions de prières. Des jeunes et des adultes composées de Musulmans,des athés,
et des personnes ayant rétrogradées dans leurs marches avec le Seigneur Jésus-
Christ. Je ne savais pas comment tout cela s'organisait c'est à dire le nom de
l'oeuvre et faire le statue auprès des autorités compétentes pour la légaliser. Donc
j'allais dans tous les sens en invitant certains pasteurs à venir m'aider,et chaque
fois que ce dernier arrivait, il m'indiquait clairement que je devais me mettre à
l'écart pour le laisser faire les choses selon ses expériences. Et d'autres me
tenaient ce discours la femme n'a pas reçue le mandat de Dieu pour enseigner sa
parole. Ce fut mon combat durant un certain temps. Mais Dieu me fit grâce de ne
pas céder aux intimidations.

Je ne comprenais pas l'attitude de ses hommes de Dieu, car pour moi ils devaient
être heureux du travail pour lequel ils étaient invités puisque tout ce que nous
voulons tous, c'est que l'oeuvre de notre Père Dieu soit faite peu importe la
personne qu'il choisit. Qu'elle soit homme ou femme cela n'avait pas
d'importance! C'est lui qui connaît les coeurs disposés à faire sa volonté.Cela
n'est pas la question d'individu.

L'oeuvre n'a toujours pas étée régularisée ni un nom selon la vision qu'il m'a
confié. Et tous ces Pasteurs sont partis loin de nous voyant ma résistance à ne pas
les laisser me distraire dans ma mission.

les parents de certains jeunes étaient très content de la transformation de leurs enfants et m'appelaient pour nous encourager à continuer à les encadrer.

Tout allait très bien, on avaient des temps de prières très conviviales, la communion fraternelle et le partage des repas faisaient partis de nos rencontres.

Alors vient une famille et me dit Dieu nous a dit que nous devions prier avec toi, mais plus tard elle s'opposait à moi car dit-elle,Dieu leurs aurait dit que l'oeuvre s'appelait (mission Apostolique) ce qui ne m'avait pas été dit par Dieu. Des désaccords et conflits d'intérêts avaient commencés à naître au milieu de nous, ce qui a mis en mal notre collaboration. Malgré les adversités les jeunes qui étaient là et moi restions fermement accrochés au Seigneur pour ne pas laisser l'ennemi triompher de mes faiblesses, ce que j'ai appelée un temps de formation. Oui c'était un temps de formation , car même si Dieu m'a appelé à faire son oeuvre j'avais besoins d'être formé non pas étant hors de la mission mais bien étant à l'intérieure. Donc tous ces moments que je pouvais considérée comme des échecs n'étaient en réalité qu'une école où lui-même Dieu me prépare à acquerire comme diplômes, la persévérance, la maîtrise de moi - même, la maturité, la foi et l'espérance en son secours sans failles. Amen!

Oui je mets ma phrase au présent car il n'a pas encore fini de me former.

 Il eu une amie qui s'est jointe à nous après que quelques personnes soient parties elle était comme la personne avec qui je pouvais parler à tant que des adultes de tout ce que les jeunes gens n'étaient pas capables de supporter sur le plan spirituel car elle connaissait le Seigneur, et oui, c'est ce que je croyais, et sa présence me faisait du bien.

Mais hélas, un ans plus tard elle se mis à me reprocher de ne pas attendre qu'elle soit là avant de commencer les réunions de prières et aussi elle me demandait de changer les heures de nos rencontres, ce qui n'était pas possible car l'oeuvre avait bien débutée plus d'une année avant son arrivée. Oui mon autorité fut mise à l'épreuves dans cette circonstance.

Dieu peut utiliser les moyens qu'il veut pour nous tester, mais je parlerai de formation.

La femme née de Dieu triomphe de tout, si seulement elle sait s'attendre à celui qui l'a choisi pour marcher devant lui toute sa vie sur cette terre. Alleluia!


## LES MAUVAIS CHOIX

Malgré tout ce que Dieu m'a donné comme consignes, je manquais toujours de confiance en la capacité qu'il a mis en moi pour accomplire ma mission.

Alors je fut appelé mon ancien Pasteur qui était en France pour des soins médicaux et qui par la suite s'est vue ouvrir une cellule de prière chez le frère où il était logé.

Je suis allée le voir pour qu'il vienne nous aider à tant qu'homme d'expérience de plus de 30 ans dans son ministère. Eh bien, il est venu par deux fois et plus tard il m'a fait comprendre qu'il fallait tous les dimanches nous déplacer pour nous joindre à lui là où il était héber, ce qui était tout simplement impossible. Car comment organiser un tel déplacement ? Il n'y avait que des jeunes de 12 à 18 ans donc des élèves et à ne pas oublier, qu'il fallait l'autorisation des parents pour effectuer ce genre de voyage de Meaux à Grigny. J'ai compris par là qu'il ne pouvait pas nous aider, cependant deux frères qui priaient avec lui ont acceptés de nous soutenir du mieux qu'ils pouvaient. Je les appel affectueusement Laurent Adébayor et Hans qui sont venus plusieurs fois nous exhortés et qui plus tard sont partis à cause de la distance qui n'était pas la moindres. Ils habitent à Poissy ce qui n'était pas une porte d'à côté et je tiens sur cette ligne à les remercier pour leurs soutiens sans faille qui nous a énormément fait du bien. Que Dieu vous le rende au centuple biens aimés.

Un group composé d'un pasteur qui priait chez eux s'est joint à nous quelques temps après , et parce que je n'avais toujours pas fais le statut de l'oeuvre ce groupe me proposa d'abord de donner un nom qui correspondait à la vision que Dieu m'avait donné, ce qui n'était pas mauvais. Moi j'avais un nom qui n'était pas officialisé mais je savais que c'était celui là qui correspondait à la mission. Un jour ces frères me disent puisque tu n'as pas encore déclarer l'oeuvre, il serait bien de changer le nom actuel car nous aussi nous avons une idée à ce propos. Sans trops réfléchir je dis ok nous verrons car il faut que tout le monde soit de même avis sur ce point. Avec du recule je dis, quel folie! Oui je voulais faire plaisir à tout le monde.

Alors un dimanche après le culte sans prendre du temps dans la prière pour savoir ce que Dieu à ce sujet me dirait, je leurs dis nous allons procéder à un vote la semaine suivante c'est à dire le dimanche après notre temps de prières. Et ce jour arriva, sachant qu'ils étaient à tant que des adultes plus nombreux que nous qui étions là. Car pour le vote il fallait des adultes, et nous n'étions que deux et eux étaient trois. Ils ont écrit le leurs sur des bouts de papiers, et nous avons fait pareille. Je savais que j'étais en train de faire une grosse bêtise, mais j'avais donnée ma parole et je ne pouvais faire marche arrière. J'avais l'impression que le Seigneur me faisait signe de renoncer à ce vote, mais j'étais prise à mon propre piège! En plus nous avions priés avant d'entreprendre le vote, donc après déballage ce sont eux qui l'ont emportés sur nous. Intérieurement je n'étais pas d'accord de ce qui venait de se faire et d'ailleurs je savais qu'ils ont sentis que je n'étais pas contente de qui venait de se faire.

Plus tard je leurs ai fait savoir que j'avais fais une énorme erreure. Dieu merci, ils m'ont compris et nous avons continués de travaillés ensemble pendant un bon moment jusqu'à ce que le pasteur se propose comme le principale responsable de l'oeuvre, ce que je n'ai pas acceptée. Ensuite ils m'ont dit qu'il fallait faire le bureau, et pour cela nous te choisissons comme présidente, un tel secrétaire, l'autre trésorier,et conseiller etc etc. Tout ceci était ma faute, car je n'écoutais pas celui qui m'a confié l'oeuvre mais par peur d'échouer les hommes qui ne regardaient qu'à leurs intérêts. Je ne prenais pas sérieusement du temps devant Dieu pour chaque décision que je devais prendre. Je cherchais des hommes d'expériences dans leurs ministères pastorals. J'avais comme slogan personne ne peut faire seul l'oeuvre de Dieu, car dans la Bible, Dieu a toujours envoyé auprès de ses serviteurs d'autres personnes pour aller là où il les envoyait. Comme Moïse et Aaron, Eli et Elisée, David et Jonathan., Et çà, c'était ma façon de voir l'appel de Dieu qui invite une personne pour accomplir ses dessins. Ce n'est pas faux, mais il fallait que ce soit lui Dieu l'auteur de la mission qui me choisisse les compagnons qu'il me fallait et non pas à moi de me les collectionner à mon goût. Je croyais qu'il agréait ce que je faisais. Je me fatiguais sans rien comprendre, alors que je priais sans relâche, mais mes oreilles étaient fermées à sa voix. Je savais que le Seigneur m'attendait à un rendez-vous, mais je ne savais pas comment faire pour y être était la question.

Car nous pouvons beaucoup prier sans toutefois poser les bonnes questions à Dieu. Quelques temps ces frères sont partis vue mon opposition à leurs façon de faire les choses. Ils ne voulaient pas qu'une femme les dirige et encore moins qu'elle soit sur la chaire pour leurs prêcher la parole de Dieu. Quelle histoire! Je ne saurais compter les personnes que j'ai appelée pour m'aider car finalement j'étais fatiguée et je voulais tout laisser tomber. Je me disais que peut-être que Dieu ne m'a jamais dit de faire une oeuvre qui va devenir plus tard une grande église. Mais au même moment je me souvenais de comment tout avait commencés et je ne pouvais nier sa puissante présence que nous avions vécus dès les premières années. Ce Dieu là avait-il changé? non. C'était moi le problème et non Dieu. J'avais oubliée qu'une mission qui vient d'en haut à besoins d'un secours aussi d'en haut et non d'en bas, c'est à dire des hommes. Je me comportais comme si Dieu en me confiant cette mission m'avait dit écoute c'est ton cadeau donc tu peux en faire ce que tu veux. C'était une très grave erreure de ma part!

Les personnes qui partaient ne le faisaient pas pour le plaisir de le faire, mais c'était à cause de ma légèreté et mon insoumission au chef de la vision que j'avais reçue. J'étais arrivée à un stade où il fallait faire le bilan de tout çà.

( Proverbes : 28:13
Celui qui avoue ses transgressions et les délaisse obtient miséricorde). Amen!


## RETOUR EN ARRIÈRE

Je le redis, j'étais arrivée à un point où il fallait arrêter toutes cette souffrance que je croyais être (inutile) à mon avancement dans l'oeuvre. La pensée qui m'est venue c'est la prière rien que la prière. Et d'ailleures je vais vous raconter un songe parmi tant d'autre que j'avais eu bien avant que je ne me lève pour faire l'oeuvre.

Le voici, mon mari et moi étions en visite chez le pasteur David Yonggi Cho en Coré du Sud, nous l'avions trouvés dans son grand bâtiment appelé église. Et dès qu'il nous a vue il était très content de notre présence , il a ensuite pris l'une de ses veste et l'a donné à mon mari, et a moi il a remis un gros paquet de couche car j'avais un enfant au dos. Après cela je lui ai posée cette question, comment as tu fais pour avoir une si grande église? Il a répondu en posant sa main sur mon épaule droite ma fille, c'est la prière rien que la prière. Puis je me suis réveillée. Sans trops comprendre ce que je venais de voire, je l'ai écris dans mon cahier de révélations et des rêves et visions. Ne t'est ce pas pour cette mission que Dieu m'avait parlé ou ne t'est ce pas là la clée d'un ministère réussi que le Seigneur m'avait montré?

La femme née de Dieu triomphe de tout , même dans ses erreure elle est consciente qu'il n'est jamais trops tard pour se lever et agir, tant que la grâce immense de son rédempteur est là pour elle. Oui la grâce change tout, car elle s'appelle aussi, la seconde chance.

( Jean 3 : 6 Ce qui est né de la chair est chair, et ce qui est né de l'Esprit est Esprit) Une mission qui vient de Dieu à besoins de l'assistance de son Esprit pour sa réussite et non des hommes, aussi grands hommes de Dieu qu'on puisse les nommés.

La peur le doute et la distraction m'ont conduites au départ à faire ce qu'il ne fallait pas faire.

Mais gloire soit rendue à Dieu de ce que malgré toutes ses maladresses il ne m'a pas abandonné. Alors que je me culpabilisais de n'avoir pas vite comprise ni connue la direction qu'il voulait que je prenne pour la bonne marche de la mission, lui Dieu me rassurait en me disant, tomber ne veut pas dire être terrassé. Et encore moins condamné à ne plus se relever.

Que, les erreures ne sont pas forcément mauvaises dans tous les cas, puisqu'elles conduisent à la maturité et au brisement  la personne qui est intelligente. Elle nous grandissent pour mieux faire les choses si nous en tirons une bonne leçon.

Je me disais aussi que l'absence de mon mari a été la cause de tout ce désordre si je peux le dire ainsi. Ce qui n'est pas faux, mais si à son absence le Dieu qui
sait toutes choses m'a ordonné de me lever pour faire son oeuvre, il sait pourquoi. Car nos calculs ne sont pas celles de Dieu. Jusqu'à ce jour je continue d'apprendre car tout ce que j'ai vécus m'a permis de non seulement grandir spirituellement mais à dépandre véritablement de lui. Amen!

(Juges 5 : 7
Les chefs étaient sans force en Israël, sans force, Quand je me suis levée, moi, Débora,
Quand je me suis levée comme une mère en Israël).
L'exemple à été beaucoups pris sur cette soeur dans cet ouvrage, car elle est pour moi à tant que femme un vraie modèl pour comprendre que Dieu choisit qui il veut pour victorieusement triompher des combats que nous font nos ennemis.
Nous sommes nées de Dieu à tant que femme pour vaincre. Alléluia!!

# CONCLUSION

A travers ces lignes j'ai parlée de mon passé, la manière dont j'avais voulus mener ma vie sans toutefois tenir compte de ce pacte que j'avais fais avec Jésus-Christ à travers les eaux de baptême. Les conséquences ont étées horribles et même humiliantes. Le jour où il m'avait fait grâce de revenir à lui, tout avait changés et cela m'a permis de connaître mon identité. Même si dans ce ministère j'ai eus toutes ces difficultés cela m'a appris à dépendre de Dieu qui m'a choisit malgré mes faiblesses pour comme Ruth glaner aussi dans son champ qui est le monde qu'il aime tant.

Je veux encourager toutes mes biens aimées à tenir fermement la main de notre Seigneur Jésus-Christ qui lui seul est capable de marcher devant nous pour dominer sur toutes les tempêtes qui se lèvent contre notre destinée. Amen!

Nous sommes des femmes nées de Dieu pour écraser la tête du serpent le diable selon le mandat que Dieu nous a donné depuis le jardin d'Eden. Mes erreures dans le début de l'oeuvre ne déterminent pas la fin de mon ministère. Car ma formation est continuelle jusqu'à ce que je quitte ce monde. Je suis fière de mes faiblesses qui sont pour moi une force.

( 2 Corinthiens 12: 10

C'est pourquoi je me plais dans les faiblesses, dans les outrages, dans les calamités, dans les persécutions, dans les détresses, pour Christ; car, quand je suis faible, c'est alors que je suis fort).

Oh femme, tu es la générale de l'armée où notre père Dieu t'a enrolé.

L'oeuvre existe jusqu'à ce jour, nous continuons les campagnes d'évangélisations à travers la ville, les transports et les autres villes. nous ne sommes pas un très grand nombre encore mais nous avons compris que emmenés une seul âme au Seigneur Jésus-Christ réjouirait son coeur que des milliers d'âmes non sauvées. Oui la femme née de Dieu triomphe tout! Amen!!

# Table des matières